CONFÉRENCE BONCENNE

(Palais de Justice de Niort)

LA

COUTUME DU POITOU

SON PASSÉ
SES VESTIGES DANS LE DROIT FRANÇAIS

SUJET TRAITÉ LE 20 OCTOBRE 1899
à la conférence de rentrée pour l'année 1899-1900

PAR

Théophile BESSON-LÉAUD

AVOCAT

Membre de la conférence

NIORT

IMPRIMERIE TH. MERCIER

1, rue Yver, 1

1900

LA COUTUME DU POITOU

SON PASSÉ

SES VESTIGES DANS LE DROIT FRANÇAIS

CONFÉRENCE BONCENNE

(Palais de Justice de Niort)

LA
COUTUME DU POITOU

SON PASSÉ
SES VESTIGES DANS LE DROIT FRANÇAIS

SUJET TRAITÉ LE 20 OCTOBRE 1899

à la conférence de rentrée pour l'année 1899-1900

PAR

Théophile BESSON-LÉAUD

AVOCAT

Membre de la conférence

NIORT

IMPRIMERIE TH. MERCIER

1, rue Yver, 1

1900

LA COUTUME DU POITOU

SON PASSÉ

SES VESTIGES DANS LE DROIT FRANÇAIS

Joseph Boucheul, avocat au Dorat, le savant compilateur du Coutumier Général et le commentateur de la Coutume du Poitou, écrivait dans la préface de son ouvrage, imprimé après sa mort, à Poitiers, en 1727, ce qui suit :

« Chaque Pays et chaque peuple a ses mœurs et ses
» usages différents ; ainsi il s'est fait lui-même des Lois,
» qui sont conformes à ses mœurs et à ses usages. Ce
» sont ces Lois qu'on appelle Coutumes et qui ne sont
» rien autre chose qu'un droit introduit par les mœurs,
» usages et consentement des peuples qui l'ont observé
» pendant longtemps, et par cette observation ainsi con-
» tinuée en ont fait un droit certain qui a force de loi. »

Cette définition de la Coutume, quelque ancienne qu'elle soit, n'en est pas moins des plus exactes, et la supériorité des Lois issues des Coutumes sur celles émanées d'un législateur est incontestable, car une expérience de nombreuses années en a démontré la nécessité, en même temps qu'elle les a perfectionnées en corrigeant ce qu'elles pouvaient avoir de défectueux.

Sous les beaux jours de la féodalité, les seigneurs qui rendaient la justice basaient plus leurs arrêts sur leur bon plaisir que sur les Coutumes.

Mais, peu à peu, ce droit de rendre la justice leur fut

enlevé pour être confié aux sénéchaux, aux baillis et aux Cours royales.

Dans les Pays de Droit écrit, pas de difficultés, le Droit romain qui subsistait encore, et que l'on possédait par écrit, servait de bases à toutes les décisions de justice. Mais dans les Pays de Droit coutumier, de nombreuses difficultés s'élevèrent tant sur la teneur des Coutumes que sur leur interprétation.

On y trouva un premier remède dans les enquêtes par turbes.

Les enquêtes par turbes étaient une sorte de consultation publique.

Le magistrat se transportait sur les lieux et réunissait deux turbes, chacune de dix personnes ; la première, composée des plus anciens Officiers du siège principal de la Province ; la seconde, des Avocats et Praticiens non suspects. Chaque turbe délibérait séparément, et donnait un avis général par la bouche du plus ancien, après quoi le magistrat interrogeait chacun des membres des turbes séparément et, ainsi éclairé, il rendait son jugement.

Les enquêtes par turbes étaient loin d'être sans inconvénients, et elles occasionnaient des retards et des frais considérables, aussi le roi Charles VII par son ordonnance de l'an 1453 ordonna que toutes les Coutumes du Royaume seraient rédigées par écrit pour y avoir recours à l'avenir et sans qu'on pût se servir d'autres Coutumes que celles qui seraient ainsi rédigées.

Les enquêtes par turbes ne disparurent cependant pas complètement du premier coup, mais les Cours souveraines eurent seules le pouvoir de les ordonner. Mais enfin à cause des difficultés qui naissaient de ces enquêtes par turbes, l'ordonnance de 1667, Titre XIII, article 1er, les a abrogées, avec défense à tous juges de les ordonner ni d'y avoir égard, à peine de nullité.

Il convient d'ajouter que les dispositions des Coutumes sont réelles et personnelles.

Pour la capacité de la personne, on suit la Coutume de son domicile ; pour la disposition des biens, celle de leur situation. En cas d'ambiguité d'un des articles de la Coutume, on a recours aux Coutumes voisines.

Mais dans les cas omis par la Coutume, il fallait distinguer ; s'ils sont du Droit français, on a recours à la Coutume de Paris ; s'ils tirent leur origine de la jurisprudence romaine, on a recours au Droit romain pour trancher la difficulté.

Ces considérations générales une fois exposées, nous allons étudier plus spécialement la Coutume du Poitou.

*
* *

Avant d'examiner les documents et monuments de la Coutume du Poitou, je veux vous indiquer quelle était la division judiciaire du pays de Poitou.

Le Poitou était une des principales provinces de France ; il était borné au levant par le Berry, la Touraine et la Haute-Marche, aussi appelée Marche-Limousine, au midi par le Limousin, l'Angoumois, la Saintonge et le pays d'Aunis, au couchant par l'Océan, et au nord par la Bretagne et l'Anjou ; on le divisait en haut et bas Poitou ; le haut comprenait Nyort, Châtellerault, Thouars, Saint-Maixent, Civray, Lusignan, Montmorillon, et plusieurs autres places tant bourgs que villes ; Poitiers en était la capitale. Le bas Poitou s'étendait vers la mer, commençait à Nyort et allait jusqu'aux Sables d'Olonne. Fontenay, Luçon et Maillezais en étaient les principales villes.

Le pays de Poitou, qui avait été réuni à la Couronne par Charles VII, en l'an 1436, comprenait dans son étendue cinq sénéchaussées, qui étaient Poitiers, Châtellerault, Civray, Fontenay et Montmorillon ; les baillis ou sénéchaux des dernières étaient de robe longue, les autres de robe courte, entre lesquels le sénéchal de Civray avait son lieutenant à Saint-Maixent, et le sénéchal de Poitiers, qu'on appelle le Grand sénéchal du Poitou, avait ses lieutenants à Nyort et à Lusignan, ce qui faisait huit sièges royaux en Poitou.

Le Poitou comprenait encore une sixième sénéchaussée qui était celle de la Basse-Marche, ancien comté érigé en pairie en l'an 1315, démembrée de la Couronne à diverses fois et enfin réunie par la félonie du connétable de Bourbon par arrêt du 26 juillet 1527. Elle avait deux villes principales, Le Dorat et Bellac ; il n'y avait qu'un sénéchal qui était de robe courte et deux sièges royaux établis par édit du mois de février 1572 dont l'exécution fut ordonnée par arrêt du Conseil d'Etat du 3 septembre 1698, au profit des officiers du siège royal du Dorat, l'un principal au Dorat, l'autre particulier à Bellac.

Le siège de Bellac était régi par le Droit écrit et était composé de trois châtellenies royales qui étaient Bellac, Rançon et Champagnac, et de trois justices seigneuriales, les baronnies de Thouron, Darnac et les Defaux. Le siège du Dorat n'avait qu'une châtellenie, celle du Dorat, mais était composé de diverses justices seigneuriales : le marquisat de Maignac, les baronnies de Mont-Rocher, le Ris Chauveron, Saint-Germain-sur-Vienne et autres.

La Coutume du Poitou était en vigueur dans toute la Basse-Marche, sauf pour certains cas particuliers qui, comme le disent les vieux ouvrages, étaient *contraires et répugnants à la Coutume du Poitou*, et qui étaient régis par une Coutume spéciale qu'on appelait la Coutume locale du Dorat.

Comme je l'ai déjà dit, c'est l'ordonnance royale de Charles VII, rendue à Montils-les-Tours en avril 1453, qui prescrivit d'une façon générale la codification et l'impression de toutes les Coutumes de façon à en fixer le texte d'une façon définitive.

Mais bien avant cette époque, dans certaines provinces et notamment en Poitou, de savants jurisconsultes avaient réuni et coordonné les usages du pays.

Dès l'année 1372, Pierre-Jean Mignot, lieutenant de Guillaume Felton, sénéchal du Poitou, pour Edouard, dit le prince Noir, prince de Galles et duc d'Aquitaine, compila et ordonna diverses notes sur nos Coutumes. Ce commentaire était intitulé : *Mémoire du livre ordonné sur les Coutumes, lequel compila Jean Mignot.* Le manuscrit qui le contenait était avant 1789 en la possession du bénédictin dom Mazet; il n'existe plus actuellement. On croit qu'il a été détruit pendant les guerres de Vendée.

En 1417, un autre manuscrit fut rédigé à Parthenay par sept honorables hommes saiges, tous jurés et avocats, MM^{es} Jehan de l'Ambertier, bailli de Gastine, Jehan de l'Archauné, Loyset, Moysen, Robert Thibault, Pierre Voygne, Jacques Boutin, lesquels, ajoute le manuscrit lui-même, *plusieurs fois et à grant diligence se sont por ce assemblez.*

Ce manuscrit qui commence par ces mots « Ce livre est des Coutumes du Poitou » se trouve à la bibliothèque nationale. On ignorait son existence et c'est M. Nicias Gaillard, un Poitevin et un magistrat de talent, qui le découvrit. Il obtint l'autorisation d'en faire faire une copie et ce soin fut confié à M. de Malastrie, ancien élève de l'Ecole des Chartes. Cette copie fut mise à la bibliothèque de Poitiers où elle est encore.

La bibliothèque de Poitiers possède un autre monument relatif aux Coutumes du Poitou. C'est un manuscrit sans date ni signature.

M. Minier, un Poitevin, professeur à la Faculté de droit de Poitiers, dans une notice parue en 1856, s'est livré à toute une étude pour donner une date à ce manuscrit.

Étant donné que des ordonnances de 1454 sont copiées à la fin de ce manuscrit et que l'auteur indique ensuite qu'ici finit son œuvre, il est, d'après M. Minier, évident que la date de ce manuscrit doit se placer sous le règne de Louis XI quelques années après l'ordonnance de 1453.

Cette ordonnance ayant prescrit l'impression générale des Coutumes, les documents manuscrits font alors place aux documents imprimés.

Cependant ce travail d'impression ne fut pas l'œuvre d'un jour, et ce n'est que 33 ans après, en 1486, qu'on put enfin publier la première Coutume imprimée qui fut reproduite plus tard dans diverses autres éditions en 1503, 1506, 1508 et 1509.

Mais ces éditions successives qui, du reste, n'étaient que la reproduction imprimée du manuscrit de 1417, étaient dues à l'initiative privée, bien que faites en exécution de l'ordonnance de 1453, et ce n'est qu'en 1514 que la Coutume du Poitou fut imprimée en édition officielle.

Malgré ces diverses éditions, la Coutume n'était pas rédigée et fixée d'une façon définitive, plusieurs articles étaient ambigus, ou n'étaient pas conformes à la Coutume générale, étant simplement des usages locaux du pays d'un des rédacteurs des éditions.

Par lettres patentes, en date du 12 février 1558, Henri II nommait une Commission composée de trois conseillers du roi et du Parlement, Christophe de Thou, président, Barthélemy Faye et Jacques Viole, avec mission de se transporter dans les différentes capitales des pays de Coutume et notamment à Poitiers pour y réviser les Coutumes en vigueur, et les rédiger d'une façon définitive, et ce après consultation des trois ordres des Etats provinciaux.

En vertu de ces lettres patentes, et par une lettre au sénéchal du Poitou, donnée à Paris le 29 mai 1559, Messieurs de Thou, Faye et Viole ordonnaient la convocation des Etats du Poitou.

Les membres de ces Etats devaient répondre à cette convocation sous les peines les plus graves et notamment par la confiscation de tous leurs biens meubles et immeubles.

François II, ayant succédé à Henri II, renouvelait par ordonnance du 24 juillet 1559 les lettres patentes données par son prédécesseur.

En exécution de ces diverses ordonnances, MM. de Thou, Faye et Viole arrivaient à Poitiers le dimanche 15 octobre suivant, et le lendemain 16, au Palais royal de la dite ville, après lecture desdites lettres et ordonnances avaient lieu la réunion des Etats, dont les membres étaient tous assistés ou représentés par des hommes de loi, procureurs ou avocats, et la discussion des articles de la Coutume.

Cette discussion et la rédaction de la Coutume du Poitou, d'une façon définitive, se terminèrent le samedi 21 octobre 1559.

On donna à l'œuvre de la commission le titre suivant : *Coustumes du Comté et Pays de Poitou anciens ressorts et enclaves d'iceluy*. La minute en fut déposée au greffe du Parlement le 22 avril 1560.

A partir de cette époque, la Coutume ne varia pas dans son texte, mais de nombreux commentateurs accompagnèrent les éditions nouvelles de développements à eux inspirés par la pratique et la science.

Dès l'an 1542, Jean Bouchet, auteur des *Annales d'Aquitaine*, interpréta plusieurs articles de notre Coutume.

Mais le premier commentaire de notre Coutume ne parut qu'en août 1548. Il fut l'œuvre de Pierre Rat, avocat et maire de Poitiers. Cet ouvrage consciencieux, qui dénotait chez son auteur une connaissance approfondie du Droit romain, eut une seconde édition après la réformation de 1559.

Vint ensuite le célèbre avocat Nicolas Théveneau. Son œuvre eut les honneurs de trois éditions successives dont la troisième fut imprimée à Poitiers en 1595. Une quatrième édition parut après sa mort.

En 1625 parut un commentaire, œuvre de Jacques Barraud, docteur ès-droit et avocat au siège présidial.

Puis vint l'ouvrage de M⁰ Jean Lelet, avocat au Parlement et à la Cour ordinaire et présidiale de Poitiers, imprimé en cette ville en 1637, qui, outre les appréciations de l'auteur, contenait celles d'un autre avocat célèbre, Pierre Pêtre, son patron au barreau. Lelet avait préparé une seconde édition de son ouvrage qui ne vit le jour qu'après sa mort et fut imprimée d'abord en 1680 et ensuite en 1710.

Mentionnons pour mémoire le travail de l'avocat Boiceau, seigneur de la Borderie, les *Commentaires de Liège*, publiés par son fils en 1695, le *Manuel Coutumier*, et les *Institutes coutumières*, de Ryot, datant de 1705, mais qui sont restées à l'état de manuscrit, et le traité de l'avocat Louis Marquet, publié en 1744.

Mais tous ces commentaires si complets et si étudiés qu'ils fussent devaient avoir leur couronnement.

Ce couronnement devait être l'œuvre du célèbre Boucheul, avocat au Dorat, que j'ai déjà cité au commencement de cette étude.

Ce jurisconsulte émérite a su faire une compilation savante de tous les commentaires de ses prédécesseurs et y joindre les observations, fruit de ses études personnelles.

Il a su rapprocher des articles de notre Coutume les

textes du Droit romain, les dispositions des ordonnances et des autres Coutumes et les décisions de jurisprudence ; et ces divers éléments s'éclairant les uns les autres, il a pu ainsi les rendre beaucoup plus clairs, plus compréhensibles et plus saisissants.

A la suite de chaque article, il mentionne l'avis de tous les commentateurs qui l'ont précédé, et cet ouvrage, qui est ainsi une sorte de digeste, est des plus remarquables et des plus complets.

Boucheul ne recueillit point le fruit de ses travaux ; il mourut avant l'impression de ses œuvres qui ne furent éditées qu'en 1727, par les soins de son fils, chez Jacques Faulcon, libraire-imprimeur du Roy, et dédiées au comte de Laval.

L'œuvre de Boucheul avait été précédée par les commentaires de Constant et Filleau. Ces deux grands noms ont illustré pendant longtemps le présidial de Poitiers. Les commentateurs étaient les descendants de magistrats poitevins illustres et furent comme leurs aïeux avocats du roi au siège présidial de Poitiers. C'est le fruit du travail et de l'expérience de plusieurs générations que contient leur œuvre, c'est dire quelle grande valeur il faut lui attribuer.

Le Droit intermédiaire, qui a produit ses effets à partir du 17 juin 1789, avait abrogé en partie le Droit coutumier.

Aux termes de l'article 7 de la loi du 30 ventôse an XII promulguant le Code civil, les lois romaines, les ordonnances, les Coutumes générales ou locales, etc., ont cessé d'avoir force de loi générale ou particulière dans les matières composant le Code civil.

La Coutume du Poitou suivit le sort commun et passa définitivement dans le domaine de l'histoire.

Mais la disparition ne fut pas complète, quelques épaves subsistèrent, et l'on peut dire que c'est avec abondance que le législateur du Code civil puisa dans notre législation coutumière poitevine.

*
* *

Le cadre trop restreint de cette étude m'interdisait forcément toute discussion approfondie de divers articles de notre Coutume, c'est pourquoi je me suis borné à rechercher dans notre Droit actuel les vestiges de la Coutume de Poitou.

Le Coutumier poitevin ne contenait que 445 articles, c'est dire qu'il était forcément très incomplet. Il ne contenait, en réalité, que les dispositions qui étaient spéciales au Poitou. Les autres cas étaient réglés par les autres Coutumes et principalement la Coutume de Paris, et aussi assez souvent celle d'Orléans, dont les dispositions étaient généralement appliquées dans toute la France lorsqu'elles n'étaient pas contraires aux Coutumes locales.

C'est donc aux seuls articles de la Coutume de Poitou que je m'arrêterai.

En premier lieu, je trouve dans le Titre II, *Des Donations*, l'article 204 qui annulait la donation faite pour provision de corps, c'est-à-dire à charge de nourrir, loger et entretenir le donataire sa vie durant, en cas de décès du donataire dans les 40 jours qui suivent la donation, de même que l'article 1975 du Code civil annule la constitution de rente viagère si le crédi-rentier meurt dans les 20 jours qui suivent cette constitution.

C'est ensuite l'article 213 de la Coutume qui, comme l'article 1096 du Code civil, déclare que les donations entre époux seront toujours révocables, et l'article 218 de la dite Coutume qui ordonne le rapport par l'enfant de sa dot à la succession du donataire, que l'on peut rapprocher de l'article 843 du Code civil qui, généralisant cette disposition, ordonne le rapport par le donataire des biens donnés à la succession du donateur.

Enfin, dans tout le chapitre *Des Donations*, la Coutume, comme notre jurisprudence, reconnaît la validité des donations indirectes et des donations déguisées sous la forme d'un contrat à titre onéreux, mais les soumet aux mêmes obligations que les donations directes.

Dans son Titre III, sous la rubrique *Des droits appartenant à gens mariés et communauté de biens entre eux et autres personnes*, la Coutume traite d'abord *De la puissance maritale*, et dans son article 225, exactement semblable à l'article 1426 du Code civil, dispose que la femme ne pourra s'engager sans le consentement de son mari. L'article 227, presque identiquement reproduit par l'article 5 du Code de commerce, déclare que la femme marchande au su et au vu de son mari s'oblige valablement sans le consentement de son mari et engage la communauté.

La seconde partie du chapitre III est consacrée à la communauté. La communauté était le régime légal en Poitou, comme généralement dans les pays de Coutume, et les articles 1421 et suivants de notre Code civil ne sont que la reproduction du principe édicté par l'article 229 de la Coutume qui dit que le mari est chef de la communauté, et qui est développé par l'article 230, semblable à l'article 1428 du Code civil, qui l'un et l'autre établissent que le mari a l'administration des biens personnels de la femme mais ne peut les vendre sans le consentement de cette dernière.

Si *Les Douaires*, dont parle le Titre IV de la Coutume, n'existent plus dans notre Droit actuel, et si les vénérables douarrières sont passées à l'état de souvenir, il n'en est pas moins certain que la loi du 9 mars 1891, sur les droits du conjoint survivant, a été inspirée par les mêmes principes qui avaient présidé à la création *Des Douaires*, c'est-à-dire de la situation d'un conjoint pauvre après la mort de son conjoint plus fortuné, avec cette différence que le douaire n'existait que pour les femmes, tandis que la loi de 1891 a réparti ses faveurs au mari comme à la femme.

Il convient d'ajouter que le douaire était préfix lorsqu'il avait été fixé par une disposition quelconque du conjoint décédé, contrat de mariage, donation ou testament, et coutumier lorsqu'il était fixé par la Coutume ; il était dans ce cas d'un tiers des biens du *de cujus*.

Le douaire n'était jamais qu'un usufruit.

L'article 268 du Titre V, *Des Testaments*, énumère les différentes formes de testaments et leurs conditions de validité, comme dans les articles 970 et suivants du Code civil, nous trouvons le testament olographe écrit en entier daté et signé de la main du testateur, le testament authentique passé par-devant un notaire et quatre témoins ou deux notaires et deux témoins ; mais une autre forme de testament olographe qui était valable lorsqu'il n'était que signé par le testateur, à la condition qu'il fût fait en présence de deux témoins, a été remplacé avantageusement dans notre Code par le testament mystique.

L'article 275 du même titre de la Coutume a été reproduit textuellement par l'article 226 du Code civil, puisque l'un et l'autre autorisent la femme mariée à tester sans le consentement de son mari.

La suppression du droit d'ainesse devait faire disparaître complètement de notre législation le Titre VI de la Coutume, *Des Successions* ; cependant l'article 279 de ce titre, comme l'article 724 du Code civil, édictait ce grand principe en matière de succession, à savoir que le mort saisit le vif.

Le Titre VIII, *Des Tutelles et Curatelles*, dans son article

305, disait que la mère est tutrice de plein droit et qu'elle n'était pas forcée d'accepter la tutelle, ce qui a été reproduit par l'article 390 du Code civil, pour la première partie, et par l'article 394 pour la seconde. L'obligation pour le tuteur de faire inventaire est également inscrite dans l'article 306 de la Coutume qui, pour ce faire, lui donne un délai de 40 jours, et dans l'article 451 du Code civil qui restreint ce délai à 10 jours.

Le *Retrait conventionnel* du Titre XI n'est autre chose que notre vente à réméré, avec cette différence cependant que le prix du retrait conventionnel pouvait ne pas être celui de la vente et que le temps était illimité, conformément à l'article 363 de la Coutume, tandis que suivant l'article 1659 du Code civil, le réméré ne peut excéder cinq ans, et le prix du réméré doit toujours être égal au prix de vente.

Le Titre XII, *Des Prescriptions*, est très court dans notre Coutume, mais nous y trouvons cependant la prescription par dix ans entre présents et par vingt ans entre absents, qui a passé dans l'article 2265 de notre Code civil.

Si nous examinons le Titre XV, *Des Sentences, Défauts et Contumaces*, nous trouvons, tour à tour, les jugements par défaut sous l'article 383, les jugements par défaut faute de conclure sous l'article 391 et le défaut congé sous l'article 393.

Nous trouvons aussi sous le même titre l'article 402 qui, reproduit par l'article 23 du Code de procédure civile, dispose que l'action possessoire doit être exercée dans l'an du trouble, et les articles 405 à 410 qui, comme les articles 2166 et suivants du Code civil, traitent des droits des créanciers hypothécaires contre les tiers détenteurs des immeubles hypothéqués.

Enfin, dans le Titre XX, *Des Criées*, c'est tout d'abord l'article 428 de la Coutume, semblable à l'article 617 du

Code de procédure, qui ordonne la vente aux enchères publiques des meubles saisis sur les places des marchés et les jours desdits marchés ; c'est ensuite l'article 432 de la Coutume qui veut que la saisie-immobilière soit précédée d'un commandement à personne ou domicile, et l'article 433 qui veut que, pour saisir immobilièrement, l'huissier se transporte sur les immeubles saisis et indique dans son procès-verbal deux des tenants et aboutissants, c'est enfin les articles 434 et 435 de la Coutume qui ordonnnent l'apposition de placards, avant la vente, à la porte de l'église et à celle des édifices saisis, que l'on peut rapprocher de l'article 699 du Code de procédure qui a substitué la mairie à l'église, et ordonne, en outre, l'apposition de placards à la porte du domicile du saisi, sur la place du marché et aux portes de justices de paix et tribunaux.

De nombreux travaux, et des plus savants, ont été faits tant sur les origines de la Coutume du Poitou que sur ses textes et sur les jurisconsultes qui l'ont commentée. Pour ma première partie, j'ai puisé abondamment dans ces ouvrages, mais je n'ai rien trouvé sur les vestiges de la Coutume du Poitou dans notre législation actuelle, et voilà pourquoi j'ai cru intéressant de les rechercher et de vous les exposer.

Après les brillantes conférences que vous a faites notre distingué Président du Tribunal de Commerce, il aurait été téméraire de ma part de venir de moi-même prendre la parole à cette séance de rentrée, il a fallu toute l'insistance bienveillante de notre Président pour m'y décider. Mais comme il est de ceux qui, pour le travail, prêchent d'exemple et que vous savez tous avec quelle assiduité et quelle science il dirige nos conférences, j'aurais eu mauvaise grâce à lui répondre par un refus.

Et voilà pourquoi ce soir, pendant de longs instants, j'ai retenu votre attention ; je vous en remercie profondément et je vous prie de juger ma modeste étude avec la dernière indulgence, c'est-à-dire non seulement en collègues mais encore en amis.